AF451934

MÉMOIRE

SUR

LE CANAL

DE BOURGOGNE,

Qui a remporté le Prix de l'Académie
de Dijon en 1763.

Conamur tenues grandia. Hor. Od. V.

M. D C C. LXIV.

A

SON ALTESSE SÉRÉNISSIME
MONSEIGNEUR
LE PRINCE
DE CONDÉ,

PRINCE DU SANG,

Pair de France, Gouverneur & Lieutenant-
Général pour le Roi en Bourgogne,
Breſſe, Bugey, Valromey & Gex, &c.

ONSEIGNEUR,

*LA Paix dont nous jouiſſons, a
ſuſpendu le cours brillant & rapide de
vos travaux guerriers ; mais VOTRE*

A ij

Altesse Sérénissime, qui fait fi bien combattre & vaincre, eſtime beaucoup moins fes triomphes par leur éclat, que par les avantages qu'ils procurent à la France. Le Héros qui ceignit fon front de lauriers immortels dans les champs de *Freidbecg*, eſt auſſi le Protecteur éclairé des talents & des Arts utiles, qui ne s'exercent heureuſement que dans le calme & la tranquillité publique.

C'eſt ainſi que *Votre Altesse Sérénissime* réunit les vertus qui excitent l'admiration des hommes, & qui ſe concilient leur amour. C'eſt ainſi, MONSEIGNEUR, que mettant votre gloire à faire leur bonheur, vous illuſtrez encore vos victoires par les fruits précieux qu'elles produiſent.

Déja la liberté du commerce rétablie, & les Mers ouvertes à nos Vaiſſeaux, réveillent l'activité des François, & raniment leur induſtrie. Mais cette ſource des vraies richeſſes de l'Etat peut devenir encore plus abondante & plus féconde : *l'art peut rapprocher les Mers que la nature a séparées; il peut en faire la jonction dans le centre même du Royaume.*

Ce n'est point un projet nouvellement enfanté, ni dont la possibilité soit incertaine: depuis long-temps tout est vu, examiné, discuté. Les moyens d'ouvrir sur les eaux une route du Nord au Midi de la France, ne font plus la matiere d'un problême. C'est par un Canal en Bourgogne que peut s'établir la communication de l'Océan à la Méditerranée. La Province soumise à votre Gouvernement, MONSEIGNEUR, offre, par sa situation, tout ce qui peut assurer le succès d'une si noble entreprise; le bien général & le bien particulier sollicitent également la protection de VOTRE ALTESSE SÉRÉNISSIME. Qu'il me soit permis de faire des vœux pour que la Bourgogne lui doive des avantages, qui bientôt lui feroient prendre une face nouvelle, & qui fixeroient à jamais, l'époque du bienfait le plus signalé, & de la plus vive reconnoissance!

ÉPITRE.

J'ai essayé de les décrire, ces avantages, dans le Mémoire que VOTRE ALTESSE SÉRÉNISSIME m'a permis de lui dédier. Il faudroit sans doute, un pinceau plus savant pour un pareil tableau ; mais vous avez bien voulu, MONSEIGNEUR, considérer le zele plus que la foiblesse de l'hommage. Cette marque de bonté met le comble à toutes celles dont VOTRE ALTESSE SÉRÉNISSIME a daigné m'honorer jusques ici, & dont la continuation fait l'objet de tous mes défirs & de toute mon ambition.

Je suis, avec le plus profond respect,

MONSEIGNEUR,

DE VOTRE ALTESSE SÉRÉNISSIME,

Le très-humble & très-obéissant serviteur,
THOMAS DUMOREY,
Ingénieur ordinaire du Roi, & en chef, des Etats de Bourgogne.

MÉMOIRE.

Déterminer rélativement à la Province de Bourgogne, les avantages & les défavantages du Canal projetté en cette Province, pour la communication des deux Mers, par la jonction de la Saône & de la Seine.

L n'eſt peut-être point de queſtion plus intéreſſante pour la Bourgogne, que le problême propoſé par l'Académie de cette Province. Fortement prévenu de la grandeur du ſujet, la plume échapperoit à mes mains peu exercées dans l'art d'écrire, ſi dans cette matiere importante, l'on ne devoit apprécier que la force ou les charmes d'un diſcours éloquent ; ſi la Compagnie qui interroge le Public ſur un projet formé depuis pluſieurs

A iv

fiecles, ne prêtoit une oreille favorable qu'aux difcours brillants des gens accoutumés à fe diftinguer dans la carriere des lettres ; fi je n'étois perfuadé que cette Compagnie écoutera également le Cultivateur, le Négociant, l'Artifte, enfin le Citoyen zélé, comme l'homme favant.

L'intérêt de la Patrie eft l'objet de l'examen ; la raifon feule doit être confultée, doit prononcer, doit accueillir & couronner la fimple vérité ; c'eft donc elle feule que je vais invoquer, en difcutant les avantages & les défavantages qu'un Canal de communication des deux Mers par la jonction de la Saône & de la Seine, peut procurer à la Bourgogne.

C'eft par la poffibilité de l'établiffement de ce Canal, par le choix des moyens qu'on emploieroit pour le conftruire, par l'influence qu'il auroit fur l'Agriculture, fur le Commerce & fur les Arts, qu'il faut fe déterminer : il eft difficile d'affigner dans un Mémoire, dont l'étendue eft limitée, tous les rapports que ces différents objets ont entre eux. (1) Jettons un coup d'œil rapide fur les plus généraux ; attachons-nous à ceux qui tiennent effentiellement aux intérêts phyfiques de la Bourgogne ; recherchons les principaux effets que l'exécution d'un

Canal feroit capable d'y produire; efforçons-
nous de les faifir avec quelque précifion, en
indiquant leurs caufes les plus générales, & les
moyens qu'on fera forcé d'employer pour fa
conftruction.

Elle eft poffible, cette conftruction. (2) Elle
entraîneroit néanmoins, comme tous les
grands établiffements, quelques défavantages
inévitables; elle produiroit enfuite une utilité
marquée, générale & conftante; tels font les
trois objets que je me propofe d'examiner
fucceffivement.

I.

PLufieurs obfervations fe réuniffent pour dé-
montrer la poffibilité de ce grand ouvrage : les
unes naiffent de la fituation de cette Province ;
les autres font fondées fur le grand nombre de
projets donnés pour le Canal ; enfin l'examen
des principes généraux de l'hydraulique, ne
laiffe aucun doute fur la réuffite de cette entreprife.

Il eft peu de Province en France, plus élevée
que la Bourgogne. (3) Elle eft fituée à une diftance à peu près égale des deux Mers : la direction des montagnes qui la divifent, celle des
vallons qui la traverfent, le cours des Rivieres

qui l'arrofent, dont les unes vont fe perdre dans l'Océan, & les autres fe jettent dans la Méditerranée, tracent autant de routes certaines, qui femblent inviter à fuivre leurs pentes naturelles : elles fourniffent les raifons les plus folides & les plus propres à réfoudre les doutes qui pourroient naître fur le fuccès de ce projet ; elles forment, en quelque forte, une démonftration tirée de la nature même.

Quelles preuves plus convaincantes qu'une indication auffi décifive ! Quelle autorité plus capable de faire ceffer toute incertitude, que le nombre des projets qui ont été formés par les hommes les plus éclairés, (4) que les fuffrages qu'ils ont obtenus des plus grands de nos Rois ! François premier, Henri IV, Louis XIII, Louis XIV, adopterent fucceffivement ce grand deffein ; & depuis mil fept cent vingt, jufqu'à ce jour, le Miniftere s'en eft férieufement occupé. (5)

Monfieur le Maréchal de Vauban, auffi grand homme d'Etat, qu'habile Ingénieur, a formé cinq projets différents. M. Riquet, qui fit conftruire le Canal du Languedoc, attefta la poffibilité de celui de Bourgogne. Comment croire que ces perfonnages célebres fe foient fait illufion, qu'ils ne nous aient tranfmis que des

(5)

erreurs; enfin qu'en fe trompant eux-mêmes,
ils nous aient féduits par les affertions les plus
pofitives ?

Quand on voudroit refufer à des témoigna-
ges auffi graves, auffi multipliés, auffi publics,
le crédit, dont ils font dignes à tant d'égards;
l'hydraulique plus approfondie dans ce fiecle,
que dans les précédents, permet moins que
jamais d'avoir des craintes fur le fuccès. Qu'il
foit permis de confidérer un inftant, les reffources qu'elle prête aux différents Arts qui concourent à l'établiffement d'un Canal, & de rap-
peller fuccintement fes principes généraux, pour
connoître comment ils contribuent eux-mêmes
à l'exécution d'un femblable projet.

Cette fcience nous apprend que les fontaines
fe réuniffent pour former les Rivieres & les
Fleuves; que la partie des eaux qui ne pénetre
pas jufqu'aux réfervoirs fouterreins, coule fur
la terre, & groffit les Rivieres. La Phyfique nous
enfeigne que la chaleur du foleil, en raréfiant
l'eau à fa furface, la réduit en vapeurs; que par
cette dilatation, elle rend les globules aqueux
plus légers que l'air qui les environne; qu'ils s'é-
levent dans la moyenne région; qu'ils s'y con-
denfent, & que tranfportés dans les airs, ils re-
tombent enfuite fur la terre: c'eft ainfi que les

eaux, par une circulation continuelle, fécondent les campagnes, en retournant à leurs premieres fources, & remplacent fans ceffe celles qui fe perdent dans les Canaux. (6)

L'Hydraulique nous apprend encore, que ces eaux defcendent des montagnes avec une vîteffe proportionnée à l'inclination des routes qu'elles fuivent ; que cette vîteffe acquife diminue dans les plaines par le défaut de pente, & par la ré-fiftance des finuofités du terrein ; que cette vî-teffe enfin s'anéantiroit bientôt, fi elle n'étoit entretenue par le gonflement ; les colonnes fu-périeures preffant celles qui font au deffous, leur impriment un dégré de mouvement égal à celui qu'elles euffent acquis par une chute qui auroit la même hauteur que ces colonnes : la grande rapidité des eaux dépend donc de l'é-lévation de leurs fources au deffus du niveau de la Mer.

Ces principes font confirmés par l'expérien-ce : elle montre que les Rivieres coulent plus rapidement dans le temps de leurs crues, & dans les endroits où leurs lits font plus refferrés, il s'opere un gonflement qui les fouleve au-def-fus de leur niveau naturel : ainfi la vraie vîteffe de l'eau eft produite par la pente de fa furface, & elle eft d'autant moins diminuée, que les co-

lonnes ont plus de hauteur, & que leurs lits
font plus uniformes. (7)

C'eft fur la connoiffance de ces principes que
l'on a conçu l'idée de raffembler les eaux dans
des réfervoirs communs, (8) & de faire des Eclufes fans lefquelles il eût été impoffible de conftruire des canaux de navigation dans les Pays
montueux. (9) On auroit du moins été obligé de
faire des portages. (10) C'eft ainfi qu'on en ufe
encore aujourd'hui fur les canaux de la Chine,
& c'eft ce qui augmente beaucoup les frais de
tranfports.

En réfléchiffant fur ces mêmes principes, on
a imaginé les Eclufes de chaffe, telles que celles du Fort de Mardik : elles fervoient à nettoyer
le Port de Dunkerque, par la vîteffe des courants qu'elles produifoient. (11)

C'eft fur les différentes combinaifons des regles de l'Architecture hydraulique, fur l'appli-
cation de celles de la Phyfique générale & particuliere, fur des obfervations tirées de la nature
& de la fituation des lieux, fur des nivelle-
ments réitérés, fur des faits difcutés avec foin,
que la poffibilité de l'exécution du Canal de
Bourgogne a été décidée. (12) On a même attefté que cet établiffement éprouveroit moins
d'obftacles que ceux qu'on a furmontés dans le

Languedoc, où l'on voit un Canal franchir &
traverſer des montagnes élevées à plus de ſix
cents toiſes au deſſus du niveau de la Mer. (13)

Le Projet préſenté par M. Abeille, pour la
Bourgogne, eſt un de ceux que l'on a le plus
ſérieuſement examiné : (14) ſes devis ont été vé-
rifiés par des Commiſſaires députés de la Cour ;
la poſſibilité, la facilité même & la ſomme de
la dépenſe ſont affirmées dans leur rapport.

Les bornes que je dois me preſcrire, ne me
permettent pas de m'engager dans les détails
d'une deſcription topographique : j'obſerve ſeu-
lement que ce Canal doit commencer à S. Jean-
de-Laune, (15) paſſer à Dijon, près de Montbart, à Tonnerre, à S. Florentin, à Brinon-ſur-
Armençon, enfin communiquer à la Seine, en
ſe jettant dans l'Yonne ; que la longueur de ce
Canal ſeroit de cent vingt-deux mille cinq cents
ſoixante-trois toiſes, qui font environ cinquante
lieues communes ; qu'en réuniſſant les différents calculs de ce projet, la ſomme totale de la
dépenſe des ouvrages monteroit au moins à dix
millions, & que le produit des droits ſeroit de
deux : (16) enfin que le point de partage eſt fixé
à Pouilly, en Auxois. (17) On aſſure que les eaux
y ſeroient aſſez abondantes pour le paſſage de
cinquante-ſix Bateaux par jour, chargés cha-

cun du poids de quinze cents quintaux.

C'eſt en raiſonnant d'après ces connoiſſances, en admettant la poſſibilité de l'établiſſement d'un Canal, en ſuppoſant même ſon exiſtence, que je vais développer les effets qu'il produiroit relativement à l'intérêt général de la Bourgogne & à celui de ſes habitants.

D'abord onéreux par les dépenſes & les embarras inévitablement attachés aux conſtructions extraordinaires, ce Canal deviendroit bientôt une ſource féconde d'avantages, de commodités, de richeſſes : je dois donc ſuivre l'ordre naturel des événements, m'occuper du mal qu'il pourroit faire, & finir par le bien qu'il procureroit néceſſairement.

J'apperçois d'une part une grande dépenſe à faire ; des revenus, dont la ſomme eſt incertaine ; une augmentation réelle du prix des denrées ; les charges d'un entretien annuel ; la perte d'une grande étendue de terrein, fécond & cultivé ; le danger de la ſubmerſion des pays riverains ; le deſſéchement d'autres climats ; enfin les riſques d'un changement dans la température de l'air.

Je vois, d'autre part, que le cours de ce Canal doit enrichir la Bourgogne par le commerce, & féconder les Pays qu'il parcourroit : il

arroſeroit des terreins ſtériles ; rendroit la fer‑
tilité à des fonds marécageux ; faciliteroit l'ex‑
portation des denrées ; augmenteroit les revenus
des Propriétaires, en aſſurant le débit aux Cul‑
tivateurs ; favoriſeroit les Arts ; rendroit aux
Manufactures un grand nombre d'hommes ; à
la culture des terres, une multitude d'animaux,
deſtinés au tranſport des marchandiſes. Quelle
diminution n'opéreroit-il pas, dans la quantité
de journées qu'on emploie par corvée à l'en‑
tretien des chemins ? Quelle ſource de richeſſes
n'ouvriroit-il point, en favoriſant différentes
branches de commerce, qui, dans l'état actuel,
ſont, ou impraticables, ou déſavantageuſes ?

Mais entrons dans le détail des vues que je
viens de généraliſer ; écartons, s'il ſe peut, les
préjugés qui peuvent, ou favoriſer, ou contre‑
dire les différentes opinions ; ne craignons pas
d'uſer d'une liberté vraiment patriotique, en
n'admettant que les idées & les faits les plus
propres à nous découvrir la vérité.

I I.

LA dépenſe pour la conſtruction du Canal,
doit être au moins de dix millions, ſuivant
M. Abeille : elle ſeroit ſans doute une ſur‑
charge pour la Bourgogne, ſi cette Province
étoit

étoit feule obligée de la fupporter. (18) L'épui-
fement qu'éprouvent les premiers ordres des
Citoyens; les charges que le peuple ne peut
acquitter qu'en fe refufant une partie de fa
fubfiftance; l'indigence extrême des habitants
de la Campagne; la dépopulation, l'abandon
de quelques terres autrefois cultivées, ftériles
aujourd'hui, ne nous laiffent, à cet égard,
que la certitude & le fentiment de notre im-
puiffance.

Ce n'eft pas dans le produit des droits que
l'on percevroit fur ce Canal, que l'on peut fe
flatter de trouver des reffources & des moyens
pour faire une dépenfe auffi confidérable : la
dette feroit réelle, le revenu au contraire va-
riable & incertain; il feroit difficile d'en affigner la fomme, fans tracer le tableau des droits
différents; ce calcul feroit lui-même fujet à
plufieurs erreurs, les unes produites par les va=
riations du commerce, les autres par celles des
faifons.

On doit prévoir que dans le temps des gla-
ces & pendant les grandes féchereffes, la navigation feroit interrompue : il ne faut donc pas
compter que chaque jour elle produifît le même effet. Quelque grand que puiffe être
le tranfport des marchandifes dans des ba=

teaux, je crois qu'on ne doit pas s'arrêter entiérement aux calculs qui ont été donnés : il faudroit pour les réalifer, ou fuppofer comme on
l'a fait, qu'il paſſeroit vingt mille quatre cents
quarante bateaux par an, * & qu'ils tranſporte-
roient trois millions foixante-ſix mille quintaux
de marchandifes, ou augmenter les droits fur
chacune, en raifon de la diminution des paſſages :
cet expédient deviendroit néceſſairement arbi-
traire & nuiſible au commerce, qui ne fleurit
que lorſqu'il agit en pleine liberté, & que le
Négociant peut compter fur des réglements
invariables.

D'ailleurs, on héſiteroit peut-être de tranfporter fur le Canal nos vins les plus précieux,
parce qu'on croit que l'on ne peut les voiturer
fur l'eau, fans les expofer à perdre quelque
chofe de leur qualité : cette altération vient
fans doute, de l'infidélité des voituriers ou de
quelques caufes phyfiques que l'on n'a point
encore approfondies. (19)

On préfere en effet les voitures par terre,
parce que la commune opinion eſt qu'elles fa-
çonnent & améliorent ces vins en émouſſant les
acides qu'ils contiennent : ſi ces opinions étoient

---

* S'il paſſoit 56 Bateaux par jour, il en paſſeroit
20440 par an.

capables de diminuer le produit des droits de navigation, ces droits eux-mêmes seroient peut-être, un défavantage réel pour la Bourgogne. (20) J'indiquerai bientôt dans qu'elles circonstances ils lui seroient réellement avantageux.

L'incertitude qui reste sur la somme de leur produit annuel, est un premier inconvénient : le second naîtroit de la facilité de l'exportation des denrées par le Canal ; elle occasionneroit une augmentation dans le prix de chacune ; dès-lors la fortune des rentiers diminueroit en proportion de cet accroissement ; les Artisans & les Manouvriers acheteroient plus chérement les choses nécessaires à leur subsistance. Si ces observations présentent au premier coup d'œil quelques désavantages ; je prouverai dans un instant, que l'objection qu'on en peut déduire, est plus spécieuse qu'elle n'est solide.

La dépense nécessaire pour l'entretien du Canal en fournit une plus considérable : c'est une grande charge, & par conséquent un objet intéressant pour la Bourgogne ; mais il est bien difficile d'en déterminer l'étendue : on sait seulement qu'il sera proportionné & toujours dépendant de l'action du cours des eaux contre les berges, & sur le lit du Canal. (21) Qui ne conçoit que ces eaux creuseront en raison compoſée de la vîteſſe de leur mouvement, de la hauteur des colonnes & de la réſiſtance du fond ? Qui ne ſait qu'elles agiſſent davantage dans le milieu du cours, que vers les rives, juſqu'à ce qu'il ſe forme une ſorte d'équilibre entre la force deſtructive que l'eau acquiert par ſon mouvement, la réſiſtance du fond, la dureté, la ténacité du ſol ? (22)

L'expérience apprend encore que les dépôts ſont toujours plus conſidérables vers les bords que dans le milieu ; qu'ils cauſeroient un reſſerrement dans le lit ; qu'ils produiroient enfin des débordements que l'on ne ſauroit prévenir, que par un entretien annuel.

Les travaux périodiques qu'il exige ne ſont, ni conſtants, ni uniformes, parce que les berges & les lits n'étant pas homogenes, ils ſont détruits inégalement ; parce que les dépôts faiſant obſtacle au courant, il ne peut jamais être direct, & qu'il ſe détourne par des angles alternatifs & correſpondants.

S'il eſt facile d'indiquer les cauſes générales de dégradation, il ne l'eſt pas également de fixer la dépenſe qui en eſt la ſuite inévitable : on doit néanmoins tenir pour certain, qu'elle ſeroit plus grande dans les premieres années de l'établiſſement du Canal, toujours proportion-

née à la qualité du terrein qu'il parcourroit, &
conſtamment relative à ſa longueur, & au nombre des Ecluſes établies pour la navigation. (2 3)

Quelque confiance que l'on doive aux Auteurs des différents projets de ce Canal, on ſent
néanmoins qu'ils ont prématurément cherché à
concilier le tarif des droits que l'on impoſeroit
ſur les marchandiſes, avec la dépenſe qu'exige-
roit l'entretien du Canal. On ne peut rien fixer
ſur ces deux points, que lorſque la navigation
ſera parfaitement établie; que lorſqu'il ſera poſſible de ſe régler ſur l'obſervation & l'expérience. Qu'il ſuffiſe de remarquer que les droits,
quels qu'ils ſoient, ne doivent être, ni aſſez
forts pour décourager le Négociant, ni tellement modiques, qu'ils ſoient inſuffiſants pour
acquitter les charges annuelles. Ce ſeroit un mal
d'autant plus réel, qu'en ce dernier cas, il faudroit recourir à la voie d'impoſition, toujours
dure, & ſouvent ruineuſe pour le Peuple. (24)

Ce déſavantage ſeroit infiniment plus digne
d'attention, que la perte du terrein que le Canal
occuperoit, & qui néanmoins ſeroit conſidérable. Pour ne pas la diſſimuler, rappellons-nous
que ce Canal contiendroit cent vingt-deux mille
cinq cents ſoixante-trois toiſes (2 5). Cette perte
ſeroit par conſéquent de deux mille huit cents

foixante journaux, parce qu'on fixe ordinairement la largeur d'un Canal, y compris les bermes, les banquettes, les contrefoffés & autres dépendances, à vingt-deux toifes & demie.

Quelque diminution qu'elle occafionnât dans le patrimoine d'un grand nombre de particuliers, elle deviendroit peut-être moins nuifible, que les différences marquées que le cours de ce Canal occafionneroit dans le phyfique du fol qu'il auroit à parcourir. Pour le déterminer avec précifion, il faudroit faire une carte détaillée, où les pentes & les contrepentes feroient fcrupuleufement rapportées & comparées par la différence de leurs profils. Comme il n'eft pas poffible de faire une opération auffi compliquée pour la rédaction de ce Mémoire, on doit s'en rapporter aux obfervations contenues dans les devis qui ont été dreffés.

Ne fuffit-il pas ici d'obferver que pour entretenir la navigation, il eft néceffaire de raffembler les eaux des contrées voifines du Canal ? Delà naîtroient des deffêchements, préjudiciables à quelques cantons, & nuifibles à plufieurs particuliers : delà réfulteroit auffi une plus grande humidité dans quelques endroits déja trop aquatiques.

Mais la révolution la plus redoutable que

cette conftruction pourroit occafionner , feroit inconteftablement un changement nuifible , & marqué dans la température de l'air. Lors du travail général , & pendant les premieres années de la navigation , ce changement deviendroit plus confidérable : le remuage d'une grande quantité de terres , en mettant en mouvement des fels , des nitres , des fouffres , des huiles , produit fouvent des exhalaifons funeftes. Des expériences , qui ne font malheureufement que trop fréquentes , nous affurent que pendant ces fortes de travaux , on voit naître des maladies épidémiques , dont les effets font toujours dangereux , quelque paffagers qu'ils foient , & quelqu'efficacité qu'aient les remedes qu'on leur oppofe. (26)

On peut , il eft vrai , diminuer beaucoup , & prévenir , du moins en partie , ces fâcheufes influences , en choififfant la faifon des plus grands froids pour faire les déblais & les remblais ; en changeant fouvent les ouvriers occupés à ces pénibles travaux , & fur-tout en les y employant peu de temps à chaque reprife. Cet objet eft très-important , puifqu'il intéreffe la vie d'un grand nombre d'hommes ; il mériteroit par conféquent une attention particuliere de la part des Adminiftrateurs.

On doit confidérer encore que le defféche-
ment des lieux d'où l'on tireroit les eaux pour
les raffembler dans le Baffin du point de partage, ou dans quelques parties du Canal, occafionneroit auffi des exhalaifons capables de
porter une efpece de contagion dans les lieux
circonvoifins.

D'ailleurs la direction la plus générale du
Canal, devant s'étendre du Sud-est au Nord-
ouest, on pourroit craindre que les vents
froids ne fe chargeaffent d'une plus grande
quantité de particules humides, en parcourant
une furface d'eau de cinquante lieues de longueur; que les frimats ne fuffent plus communs,
plus abondants, & qu'ils ne devinffent fouvent
préjudiciables à des côteaux où l'on ne trouve,
en quelque forte, que des vignes également
foibles, délicates & précieufes. C'eft en effet
une opinion affez généralement répandue en
Bourgogne, que depuis l'établiffement des
Etangs du Charolois, & fur-tout depuis la conftruction de celui de Long-pendu placé à la four-
ce de la Bourbince & de la Dehune, le froid a
été plus violent dans cette Province : on prétend que les brouillards y font devenus plus
ordinaires, les orages plus fréquents, la grêle
plus abondante & plus funefte : on ajoute que

les vapeurs qu'exhale le baffin de cet Etang, après s'être condenfées dans la moyenne région, font pouffées par les vents de Sud-ouest fur nos contrées les plus fertiles. Ces Etangs en font cependant fort éloignés ; mais on ne peut, ni adopter, ni rejetter cette opinion avec quelque certitude, parce que nous n'avons point d'obfervations fuivies fur ces phénomenes ; que peut-être il n'en eft aucune affez détaillée fur les effets que peuvent produire dans l'air les eaux raffemblées dans des Baffins, ou divifées en plufieurs rameaux. Mais en adoptant les principes établis par les Phyficiens, on doit croire que plus on refferre les eaux, moins il s'éleve de vapeurs. En effet, le dégré de chaleur que le foleil communique à leur fuperficie, eft d'autant moins actif, que leur furface eft plus réduite, & qu'elles ont une plus grande profondeur. (27) Je conclus donc que, loin d'augmenter les exhalaifons, le Canal en diminueroit la quantité, la force de leur influence fur l'air, fur la vie des hommes, fur celle des animaux, & fur les productions de nos terres.

Ces réflexions autorifent à décider que les conjectures hafardées par quelques perfonnes, fur les effets de l'eau contenue dans l'Etang de Long-pendu, ne font, ni vraies, ni vraifemblables ; qu'elles ne fe trouvent d'aucun poids contre l'utilité du Canal projetté. Pourquoi donc auroit-il des influences plus puiſſantes & plus fâcheuſes fur la température de l'air en Bourgogne, que ceux qui ont été conſtruits dans d'autres climats, où ils n'ont occaſionné aucune altération ſenſible & permanente ?

L'établiſſement de ces Canaux a été accompagné dans les pays qu'ils traverſent, des mêmes difficultés, des mêmes oppoſitions, des mêmes dépenſes, des mêmes pertes, des mêmes inconvéniens locaux, que ceux qui concourent contre la conſtruction de celui de Bourgogne. Mais dans les révolutions qui ſuivent les entrepriſes conſidérables & difficiles, peut-on garder le moindre ſouvenir de quelques déſavantages paſſagers, lorſqu'ils ſont ſuivis des avantages les plus heureux ? Quel changement plus propre à anéantir la mémoire d'une perte toujours légere, lorſqu'elle eſt momentanée, que l'augmentation conſtante du produit des travaux de l'agriculture, que l'accroiſſement du commerce intérieur, que le débit prompt & facile des productions naturelles ?

Tous les Pays arroſés par des Canaux, ont éprouvé ces avantages, & en jouiſſent encore. Ils ſont grands, ſans doute, très-conſidérables par-tout ; mais ils deviendroient peut-être plus marqués dans quelques parties de la Bourgogne, qu'ils ne l'ont été dans les autres Provinces. (28)

Quelle heureuse révolution un semblable établissement n'opéreroit-il pas dans la fortune & les ressources du plus grand nombre des habitants ? Considérons un instant l'agréable tableau qu'elle présente à notre imagination ; fixons nos regards sur ce spectacle intéressant, le plus digne d'occuper un cœur patriotrique ; ne craignons point de nous livrer aux regrets d'avoir médité sur un bien, dont l'espérance, quoiqu'éloignée, peut se réaliser un jour pour nous, ou pour nos neveux.

I I I.

L'Entreprise du Canal de Bourgogne est si considérable à tous égards, qu'on ne peut la regarder que comme un objet digne de la magnificence d'un grand Roi. (29) Est-il un moyen plus propre à l'exciter, que les avantages généraux & particuliers d'un établissement également nécessaire & fameux ? Est-il une voie plus sûre de ramener les trésors du Prince dans les campagnes, pour les vivifier ? C'est faire de ses richesses un emploi d'autant plus utile, que par-là elles se divisent avec une sorte d'égalité entre les Sujets ; qu'elles

circulent entre tous ; qu'après leur avoir pro-
curé des secours prompts & sensibles, porté
l'aisance & la fécondité de toutes parts, elles
retournent à la source qui les a versées : c'est
ainsi que s'établissent & s'accroissent la puissan-
ce & la grandeur des Etats, & que s'affermit le
bonheur des Peuples.

On imagine facilement l'effet extraordinaire
qu'une dépense de dix millions peut opérer en
Bourgogne, & quelle activité cette somme doit
donner à la circulation, répartie dans toutes
les branches de Commerce, sur les différents
Arts, & principalement entre les gens de la
campagne qui seroient employés à la construction du Canal. Bientôt on verroit le Négociant
former de plus grands projets ; des Manufactures s'établir & s'accréditer ; le Peuple sortir
de la misere qui l'avilit, & réparer ses an-
ciennes pertes par un travail utile. (30)

Ce premier avantage seroit suivi d'une grande diminution dans le prix du transport des
marchandises & des denrées. Pour en conce-
voir une légere idée, comparons un moment
le temps & la dépense nécessaire pour conduire sur le Canal un bateau chargé, avec les
frais auxquels on est assujetti pour transporter
par terre la même quantité de marchandises.

(23)

Un bateau, de grandeur moyenne, manœu-
vré par fix hommes, & tiré par quatre chevaux,
porte quinze cents quintaux : deux cents hommes & quatre cents chevaux feroient à peine
le même travail dans le même temps ; la dépenfe feroit donc foixante fois moindre (31)
fur le Canal, que par terre. Ce qui mérite,
fur-tout, une attention particuliere, c'eft que
les Négociants, affurés de faire tranfporter les
marchandifes avec plus de facilité & moins de
dépenfe, augmenteroient le prix des denrées
dans l'étendue de la Province ; ils partage-
roient avec les Propriétaires & les Cultivateurs, le bénéfice que doit produire la diminution des frais de voiture. (32)

Ce bénéfice feroit d'autant plus grand pour
les uns & pour les autres, que les impôts fur
les marchandifes feroient plus modiques : je ne
crois pas même qu'on puiffe envifager l'excès
de leur produit comme un bien, fur-tout s'ils
étoient levés par une Compagnie de Traitants. (33) La faine politique nous apprend, que
ce produit ne peut être véritablement utile à la
Bourgogne, que dans le cas où il appartiendroit à
cette Province : cette propriété augmenteroit fon
crédit ; elle affureroit en même-temps l'entretien
du Canal, fans gêner la liberté du commerce. (34)

Quoi qu'il en foit, la dépenfe pour l'éxé-cution de ce grand projet, ne pouvant être qu'une émanation de la bienfaifance du Prince, on doit fouhaiter que le produit n'excede ja-mais les fommes néceffaires pour les répara-tions annuelles : les Rois ne placent point, fur leurs Sujets, des deniers à intérêt. (35)

Il eft conftant d'ailleurs, que plus les droits feront modiques, plus les Marchands Natio-naux & les Etrangers auront d'intérêt à fré-quenter ce Canal : il eft par conféquent cer-tain, que cette modération le rendroit plus utile à la Bourgogne.

Il eft vrai cependant, que l'exportation fré-quente & facile des marchandifes & des den-rées, produiroit des effets contraires dans les fortunes différentes : d'un côté, elle occafionne-roit quelque augmentation fur le prix des den-rées, & par-là, les Poffeffeurs de fonds ver-roient accroître leur fortune ; de l'autre, les Rentiers, en confervant le même revenu, fe-roient réellement moins riches. En effet, fans par-ticiper au bénéfice commun, ils fe trouveroient obligés de payer plus chérement les productions de la terre ; mais en n'adoptant que les maxi-mes politiques, la claffe des Rentiers eft celle à qui l'on accorde le moins d'égards & de

ménagements. Semblables à ces plantes para-
sites, qui tirent leur subsistance de celles aux-
quelles elles s'attachent, ils ne font rien pour
l'Etat, rien pour les Propriétaires de fonds,
rien pour les Cultivateurs : ceux-ci fécondent
les terres par leurs travaux ; ceux-là emploient
une partie de leur fortune pour en défricher de
nouvelles ; les uns & les autres font forcés d'en
partager les fruits avec le Rentier. (36)

L'augmentation du prix des denrées feroit
une espece de dédommagement pour le Cultivateur, & tourneroit entiérement au profit de
l'Agriculture ; l'assurance du débit rameneroit
l'activité générale, & porteroit une nouvelle
vigueur dans toutes les branches de commerce. (37)

Le Négociant, excité par la diminution des
frais d'une exportation sûre & facile, trouveroit, dans ceux d'importation, les mêmes avantages & dans la même proportion. Le changement inévitable qui surviendroit dans la valeur des denrées, opéreroit, par une compen-
sation néceffaire, un accroiffement dans le prix
de la main d'œuvre. On doit donc préfumer
que tout demeureroit dans le rapport actuel,
entre les Propriétaires, les Colons & l'Artifan,
tandis que la richeffe de la Bourgogne & la

puiſſance de l'Etat augmenteroient réellement.

Il faut avouer que bien des gens, loin de re-garder cette augmentation comme un avantage, la conſiderent au contraire, comme un mal : on tient ſur-tout à cette opinion, par rapport à l'exportation des bois par la voie du Canal ; ils ſont en effet une partie très-eſſentielle des ma-tieres de premiere néceſſité. Mais ſi depuis un petit nombre d'années ils ſont montés à une valeur qui paroît exceſſive, trois cauſes parti-culieres ont donné lieu à cette augmentation ſubite.

La premiere vient de l'établiſſement d'un grand nombre de forges & de fourneaux ; (38) la ſeconde du flottage pratiqué ſur toutes les Ri-vieres & les Ruiſſeaux qui en ont été ſuſcep-tibles ; la troiſieme de l'exceſſive conſomma-tion occaſionnée par le luxe.

Ces cauſes exiſtent, & l'on peut dire que les deux premiers établiſſements ſont avantageux à la Bourgogne. On fait déja par le flottage la plus grande exportation poſſible ; par le moyen des forges, la Bourgogne tire de ſon propre fonds des fers pour les beſoins de ſes habitants, & pour l'uſage d'une partie des autres Pro-vinces du Royaume. (39)

On doit d'autant moins craindre, que la

conſtruction

conftruction d'un Canal ne caufe une nouvelle révolution fur le prix des bois ; qu'il n'eft jamais permis de les jetter à flot dans les Canaux de navigation : ils les auroient bientôt détruits par le choc & par le frottement, ils y cauferoient fans ceffe des dégradations ; mais d'ailleurs comme les eaux y font dormantes, cette voie eft abfolument impraticable.

On dira peut-être, que l'on pourroit tranf-porter ces bois fur des bateaux ; ce fait eft certain ; mais delà naîtroit encore un nouvel avantage pour la Bourgogne : d'une part ils arriveroient à leur deftination de meilleure qualité ; de l'autre, ils feroient garnis de leurs écorces, dont la perte occafionnée par le flottage, fait un déchet d'environ un douzieme ; d'ailleurs, les bois tranfportés de cette maniere, arriveroient aux différents chantiers dans des temps fixes & certains ; ils ne feroient, ni difperfés par les débordements, ni fi long-temps retardés par les féchereffes : on ne feroit point obligé, ou d'en faire des dépôts le long des prairies que les Rivieres flottables arrofent, ou de laiffer chaumer un grand nombre *d'ufines*.

Ces avantages qui réfulteroient certainement de l'exportation des bois par la voie du Canal, feroient cependant moins confidérables que ceux qu'il pourroit produire pour le tranſport des charbons de terre. La Province en contient différentes mines ; (40) il feroit fans doute bien intéreſſant d'ouvrir cette nouvelle branche du Commerce : on conduiroit ce charbon dans des Pays où les bois font rares ; on pourroit auſſi l'employer à l'uſage des forges & des fourneaux, après l'avoir dépouillé des fouffres qu'il contient, en le faifant brûler fur des grils juſqu'à un certain dégré & fuivant la méthode qui fe pratique en Angleterre : (41) ce feroit trouver, peut-être, un des plus puiſſants moyens pour conſerver les forêts de Bourgogne ; (42) ces charbons produiroient donc des reſſources intérieures, & formeroient un objet d'exportation utile : la Bourgogne jouiroit à cet égard des mêmes avantages que la Province du Forez, qui tire un profit immenſe de l'uſage, de la vente & du tranſport de ce minéral.

En faifant les recherches relatives aux charbons de terre, on découvriroit en même-temps, des carrieres d'ardoifes dont l'exploitation ne feroit pas moins avantageufe, & dont le tranſport deviendroit d'autant plus facile par le moyen du Canal, qu'il s'en trouveroit pluſieurs placées près de fes bords. (43)

J'ai dit plus haut que fon emplacement & fes

dépendances confumeroient deux mille huit cents foixante journaux de terre. (44) Ce fait eft certain ; mais cette perte pourroit-elle être confidérée comme fort intéreffante pour les particuliers, fur les fonds defquels le Canal paffe-roit ? Ils feroient dédommagés aux dépens de l'Etat : ces dédommagements ont eu lieu dans tous les Pays où l'on a conftruit des Canaux. (45) Cette perte d'ailleurs , qui par les calculs que je viens de préfenter, paroît opérer une diminution confidérable pour l'Agriculture , ne tomberoit pas uniquement fur des fonds culti-vés : le Canal traverferoit en différents endroits, des terreins arides , fecs , & qui rendent peu aux propriétaires; cette certitude doit rendre les Citoyens moins fenfibles au facrifice du ter-rein deftiné à fon emplacement.

S'il occafionnoit, comme je l'ai expliqué , des defféchements préjudiciables à quelques héritages, il en rendroit d'autres moins maré-cageux : on pourroit auffi employer fouvent les eaux que l'on raffembleroit dans le Canal & dans fes rigoles, à en former d'autres pour l'irrigation d'un grand nombre d'héritages ; la perte du terrein, qui paroît digne de nos re-grets à quelques égards, feroit donc utilement compenfée , & toutes chofes demeureroient au même état , par rapport à l'intérêt public.

Ce feroit fans fondement que l'on redoute-
roit , que dans le temps des grandes pluies &
dans celui de la fonte fubite des neiges , le
Canal n'occafionnât quelques ravages , par la
fubmerfion de plufieurs contrées ; cette crainte
feroit vaine : & c'eft par cette raifon , qu'en
traitant des défavantages de cet établiffement ,
j'ai cru pouvoir négliger cette objection : elle
ne paroîtra de quelques poids , qu'aux perfonnes qui ne font point inftruites des regles
que l'on obferve en conftruifant les canaux ; les
inconvénients relatifs aux débordements , font
toujours fuppofés , ou prévus par les conftruc-
teurs : on a foin de les accompagner de contrefoffés de dérivations , proportionnés à la pente
& à l'étendue des terreins qu'ils parcourent :
ils font de plus garantis par des éclufes de dé-
charge & des DÉVERSOIRS , dont l'effet eft de
prévenir ces accidents ; par conféquent s'ils oc-
cafionnent quelque dégât , il n'eft, ni funefte ,
ni confidérable. (46)

Les Canaux , loin de porter le ravage & la
difette dans les Pays qu'ils parcourent , les améliorent , & fertilifent toutes les terres qui les en-
vironnent ; ils augmentent leur valeur par les
engrais qu'ils fourniffent eux-mêmes , (47) &

par les aifances qu'ils procurent à l'agriculture. (48) Ces propofitions font prouvées de la maniere la plus démonftrative par les obfervations de M. le Maréchal de Vauban ; elles deviennent fur-tout très - fenfibles , fi l'on veut faire la comparaifon des terres qui avoifinent les Rivieres avec celles qui en font éloignées. C'eft par cette raifon, que ce grand homme a dit dans fes Mémoires, » qu'il étoit poffible de faire de
» la France un des meilleurs Pays de l'univers ,
» en ouvrant des Canaux d'irrigations dans les
» lieux arides , & d'autres de dérivations dans
» les endroits marécageux.

Comment donc refufer d'admettre au nombre des avantages réels & certains la conftruction projettée ? Non-feulement elle fourniroit les reffources les plus abondantes en facilitant les opérations du commerce , mais encore en procurant des moyens d'améliorer les terres : cette amélioration fe continueroit fur une longueur d'environ cinquante lieues. Il eft certain d'ailleurs, que cette influence bienfaifante fe faifant reffentir à une affez grande diftance des Canaux , il y auroit une quantité immenfe de terreins fertilifés. Cet avantage furpafferoit de beaucoup la perte des terres employées à la formation du Canal : peut-être craindroit-on que

le service du Canal n'exigeât l'ouverture de plusieurs chemins nouveaux pour y communiquer,
& conséquemment encore, un nouveau sacri-
fice de terrein. Cette allarme seroit sans fondement : la Bourgogne est déja desservie par un
grand nombre de routes, dont plusieurs croisent
l'emplacement que le Canal occuperoit : (49) il
seroit seulement nécessaire de réparer, & de rendre facilement praticables ceux des chemins de
traverse qui viendroient aboutir sur ses rives.

Non-seulement on n'auroit pas besoin d'ouvrir de nouvelles routes, mais ce Canal lui-
même en seroit une si grande & si commode,
qu'on négligeroit souvent de se servir de celles
qui en seroient voisines, & qui auroient la même direction. Ce qui mérite sur-tout une con-
sidération particuliere, c'est que cet établissement procureroit à la Bourgogne une diminution considérable du travail, par corvée, sur les
grands chemins ; il rendroit, par cette raison, à
la culture des terres, un temps précieux, qui se
perd souvent infructueusement pour les routes
mêmes. (50)

Mais pour donner à cette assertion le dégré
d'évidence dont elle peut être susceptible, exa-
minons quelles seroient les communications
qui s'ouvriroient par le Canal, relativement

à la Bourgogne & aux autres Provinces.

Il réuniroit plusieurs Rivieres ; il joindroit le Rhône, la Saône, le Doux à l'Armençon, à l'Yonne & à la Seine : par cette réunion, il vivifieroit le commerce du centre du Royaume ; il établiroit celui de Paris avec la Franche-Comté, les Cantons Suisses, la ville de Geneve, le Piémont, la Savoie & l'Italie ; il formeroit une communication des Ports de Provence, avec ceux de la Normandie & de la Picardie ; il faciliteroit le commerce des échelles du Levant ; (51) on transporteroit sur ce Canal, les bleds qui viennent de l'Affrique, de la Barbarie & de la Mer Baltique ; (52) il répandroit dans toute la France les marchandises de l'Océan, celles de la Méditerranée, sans courir les risques de la Mer par le détroit de Gibraltar ; il porteroit au loin les productions de la Bourgogne, sans qu'il fût besoin de choisir d'autres routes ; les grains, les bois de charpentes, les pierres, (53) les chanvres, (54) les cuirs, les fers, seroient conduits dans les Provinces voisines, ou éloignées, sans occasionner des frais considérables, qui en diminuent toujours la valeur relative ; il procureroit un débit prompt & utile de nos vins communs, qui font les plus abondants, & qu'on eft obligé de confommer dans l'intérieur de la

Province ; les frais de tranſport par terre , au-gmentant à l'excès leur prix , on n'oſe les con-duire à Paris : ces frais diminuant beaucoup par la voie du canal , on les conduiroit dans cette Capitale , & plus loin encore ; ils obtiendroient certainement la préférence ſur ceux que l'on prend dans l'Orléanois , dans la Brie & dans les Pays voiſins , parce que les nôtres , quoique ré-putés ici d'une qualité médiocre , ſont néan-moins beaucoup meilleurs que ceux des au-tres Pays. (55) Cette exportation , non prati-quée juſqu'à préſent , établiroit un nouveau genre de commerce , dont l'avantage ſeroit uniquement pour la Bourgogne.

Le tranſport des marchandiſes , de toutes les denrées étrangeres , ou de l'intérieur de la Province , ſe faiſant par le Canal , on conçoit que dès-lors les plus grands fardeaux ne paſſe-roient point ſur les routes ; (56) que leur en-tretien diminueroit beaucoup ; que les Culti-vateurs ne feroient plus obligés de fournir des chariots & des chevaux d'ordonnance pour le paſſage des Troupes , pour tranſporter leurs équipages , les munitions militaires & l'artil-lerie.

Les gens de la campagne éprouveroient un ſoulagement conſidérable dans le temps même

de la paix la plus profonde , & prefque in-
concevable , lorfque la guerre fe fait fur l'une
& l'autre Mer. Quel nombre immenfe d'hommes , de voitures & de chevaux les Commu-
nautés villageoifes ne font-elles pas obligées de
fournir dans ces temps orageux ! Quel travail
plus onéreux pour elles ! Quelle perte pour l'A-
griculture ! Quelle reffource plus évidente pour
chaque particulier , que la communication qui
s'ouvriroit par le Canal ! Quel avantage même
pour l'Etat ! Les foldats feroient tranfportés
promptement , fans rifque , fans travaux ex-
ceffifs , d'une extrêmité du Royaume à l'autre ; deux armées placées fur nos frontieres
maritimes , auroient une correfpondance toujours ouverte entr'elles ; elles trouveroient des
facilités pour fe réunir , fans être expofées à des
marches longues , forcées & fouvent plus meur-
trieres que les combats ; (57) les fubfiftances ,
tirées fans peine du milieu du Royaume , par-
viendroient d'une maniere fûre à leur deftination ; l'on ne feroit point obligé de les acheter
chez l'Etranger. (58)

Cet objet de dépenfe , exceffive pour le Prince , n'occafionneroit , en quelque forte , aucun
vuide dans fes coffres ; les fommes employées
aux approvifionnements étant difperfées dans

ſes Etats, y répandroient une nouvelle fécondité ; ces ſommes, en paſſant dans les mains
de ſes Sujets, n'y ſéjourneroient quelque
temps, que pour former une compenſation
momentanée avec les impôts, & que pour
faire retour en ſuite au Tréſor-Royal.

La Bourgogne, auſſi féconde (59) qu'aucune
autre Province, éprouveroit de la maniere
la plus ſenſible, ces grands avantages. Tous
ceux que j'ai indiqués comme des événements
heureux & néceſſairement liés à la navigation
du Canal projetté, n'exigent, à mon ſens,
aucun autre détail, ne permettent aucune incertitude, & déterminent fortement la ba-
lance contre les déſavantages paſſagers de cet
établiſſement ; il ſeroit utile à tous égards ; il
le ſeroit à tous les ordres des habitants de la
Bourgogne, & il le ſeroit dans tous les temps.

Puiſſe l'idée que j'ai conçue de ſes avantages, s'étendre & ſe communiquer aux Citoyens
capables de l'accréditer, de l'appuyer & de
la réaliſer ! Puiſſé-je voir cet établiſſement devenir pour mes Compatriotes, la même ſource de richeſſes & de puiſſance, que les Egyptiens trouverent autrefois dans le grand commerce qu'ils firent ſur le Canal qui joignoit
la Mer Rouge à la Méditerranée ! (60) Puiſſé-

je du moins jouir, dans les derniers inſtants
de ma vie , de la douce ſatisfaction de conſidérer les premiers fondements de cette importante conſtruction , comme un engagement formé
avec la Bourgogne , pour augmenter la fortune
de ſes habitants , comme un nouveau gage de
la bonté paternelle d'un Monarque bien-aimé ,
comme un nouveau moyen d'accroître ſa puiſſance , celle de l'Etat & le bonheur de ſes
Sujets !

NOTES.

*P*_{*Age*} 2. (1) LORSQUE je me déterminai à écrire fur la queftion propofée par l'Académie de Dijon , je crus être obligé de me renfermer dans les bornes du réglement qui limite l'étendue des Mémoires qu'on lui préfente , à une demi-heure de lecture. Je ne trouvai point dans le Mercure du mois d'Avril 1762 , que cette Compagnie eût dérogé à cette regle générale : au refte , je me décidai volontiers à écarter tout ce qui n'étoit pas immédiatement lié au fujet ; je retranchai de ce Mémoire tous les détails contenus dans les notes que j'y joins aujourd'hui.

Page 3. (2) J'ai parlé de la poffibilité de ce Canal , 1°. parce que je ne vis pas dans l'annonce faite par la voie du Mercure , que l'Académie eût déclaré qu'elle la fuppofoit certaine. 2 . Parce que je penfai que la folution du problème n'auroit pas été complete , s'il fût refté quelque doute fur cette poffibilité : en effet , le plus grand de tous les défavantages feroit certainement de commencer une entreprife auffi importante fans être affuré du fuccès.

Ibid. (3) M. Abeille a mefuré la hauteur du point de partage au-deffus du niveau de la Saône & de l'Armençon , pris à S. Jean-de-Laune & à Brinon ; il a reconnu qu'en le plaçant au feuil de Pouilly , en Auxois , il feroit élevé à fix cents vingt-quatre pieds au-deffus de la Saône , & à huit cents quatre-vingt-huit pieds audeffus de l'Armençon. Il propofa de franchir les différentes pentes du terrein , en conftruifant cinquante-deux éclufes fur la premiere partie , & foixante-quatorze fur la feconde ; il a fixé la chute de chacune à douze pieds : M. Gabriel a été d'avis que l'on devoit diminuer ces chutes de quatre pieds. Ce changement augmenteroit le nombre des éclufes d'un tiers fur chaque partie.

Page 4. (4) Tacite dit, dans la Vie de Néron, que le Général Lucius Vétus entreprit de faire la jonction de la Saône avec la Mozelle, pour le transport de ses troupes en Allemagne. M. de Vauban a prouvé dans ses Mémoires, par des raisons générales, la possibilité de plusieurs Canaux en Bourgogne. MM. de la Jonchere & Thomassin en ont donné différents projets. Le premier proposa en 1718 d'établir le point de partage à Sombernon, pour joindre la Saône à la Seine, par la Brenne, l'Armençon & l'Yonne. M. Thomassin soutint en 726, qu'on devoit préférer de joindre la Saône à la Loire, par l'Etang de Long-pendu ; ce second projet eut peu de partisans. M. Abeille en publia un troisieme en 1727, pour joindre la Saône à la Seine, par l'Armençon & l'Yonne : il en présenta les détails aux Etats de Bourgogne : il fixa, comme je l'ai déja dit, le point de partage à Pouilly ; ce projet a plusieurs avantages sur les précédents, & singuliérement d'éviter de percer la montagne de Sombernon, & encore de faciliter depuis ce même point la construction d'un autre Canal pour joindre la Saône à la Loire, par la riviere d'Arroux : cette double communication seroit d'autant plus avantageuse à la Bourgogne, qu'elle pourroit s'établir à peu de frais, attendu que depuis ce point de partage jusqu'à la riviere d'Arroux, on n'auroit qu'environ huit lieues de Canal à construire. M. d'Espinassy adopta ensuite le projet de M. Abeille.

Ibid. (5) M. Gabriel a fait la vérification du projet de M. Abeille, en présence de M. le Belin, Commissaire député des Etats de Bourgogne. Il est prouvé, par son Procès-verbal, qu'il y aura, dans tous les temps, une quantité d'eau suffisante au point de partage pour entretenir la navigation. M. de Chezi, Ingénieur, envoyé de la part de M. de Trudaine, il y a peu d'années, attesta le même fait : il ne peut donc rester aucun doute sur cet objet important.

Page 6. (6) Indépendamment de l'évaporation qui est évaluée par tous les Physiciens à trente-deux pouces de hauteur par an, les eaux se perdent encore par des

filtrations toujours proportionnées à la différente nature
des terres que les Canaux parcourent : il eſt impoſſible
de remédier en entier à cet inconvénient , quelque pré-
caution que l'on puiſſe employer ; mais le plus grand
déchet eſt occaſionné par les tranſpirations continuelles
entre les joints des portieres , ceux des empélements ,
& ſur-tout par le jeu des éclufes ; cette conſommation
eſt plus ou moins grande , ſuivant que leurs Sas ſont
plus ou moins étendus , que leur chute a plus de hauteur , & qu'il paſſe un plus grand nombre de Bateaux.
On voit , par le Procès-verbal de M. Gabriel , qu'il a eu
égard à tous ces objets , en meſurant les eaux que l'on
peut conduire au point de partage ; il a même négligé
de faire entrer dans ſes calculs celles de douze ruiſſeaux ,
qui fourniſſent enſemble plus de deux cents pouces d'eau
courante.

*Page 7. (7) Velocitas quá fluit aqua per Canale aliquod
horiſontale eadem eſt , quá flueret è vaſe aquá pleno , cujus
altitudo eadem , ac altitudo aquæ in Canale horiſontali.*
Ce ſont les termes de Gulielmini , dans ſon Traité *De
aquarum fluentium* , lib. III. *Si verò altitudo aquæ æqua-
lis eſſet , ſive preſſio agat ceſſante velocitate acquiſitá ,
ſive non (eádem velocitate & ab eádem cauſá remanente)
ſequitur velocitatem in hoc caſu indiſtinctè deſumi poſſe ,
vel ab altitudine , vel à deſcenſu juxtà perpendicularem ;*
c'eſt ce qu'il ajoute , lib. IV. Cet Auteur donne enſuite
une méthode générale pour déterminer la vîteſſe des
eaux , ralativement aux différentes pentes des Canaux
dans leſquels elles coulent : il ajoute , à la ſuite du VIe.
livre , une table pour meſurer cette vîteſſe. Il dit dans
ſon Traité *De naturá fluminum* , cap. V. *Quantò tenacior
erit ſoli materia , undè coaleſcit fluminis fundus , tantò
declivius iſtud erit.* Il continue ainſi , cap. VII. *Non tam
extolluntur aquæ vicina aggeribus in depreſſo flumine ,
quàm in ejus plenitiæ. ... quia quando plenum eſt flumen ,
major accedit aqua impedita......* Enfin il dit encore ,
cap. XI. *Habent flumina plenitudines ſuas , pluviarum
tempore fluxus , atque decurrendo ARCTATI INTER
RIPAS...... fieri poteſt , ut eorum aquæ corpus ita ex-
tollantur ut in ſitu inferiori aggeres ſuperare poſſint , &c.*

Voyez auſſi Bélidor , Traité de l'Hydraulique , liv. IV. *de la nature des fleuves.*

Page 7. (8) La poſſibilité de l'établiſſement d'un Canal dépend eſſentiellement du choix judicieux d'un point de partage , où l'on puiſſe raſſembler aſſez d'eau pour la navigation : on s'en aſſure en meſurant l'étendue du terrein qui reçoit les eaux pluviales , & fournit les ruiſ-ſeaux que l'on peut conduire au réſervoir commun ; on calcule ſcrupuleuſement celles qui ſe diſſipent , par évaporation , ou par les filtrations : le réſultat de ces diffé-rents calculs donne une connoiſſance certaine de la quan-tité d'eau que l'on peut employer , & par conſéquent dé-termine le nombre des bateaux qu'il eſt poſſible de faire paſſer chaque jour.

Ibid. (9) L'effet des éclufes eſt de retenir , de mé-nager & de rendre les eaux dormantes dans les Canaux ; elles ne s'en échappent que ſucceſſivement par les portie-res : on les ouvre lorſque les bateaux ſont entrés dans *le Sas* , pour monter , ou pour deſcendre ; cette manœu-vre ſe fait de la maniere la plus ſimple. Lorſque l'eau ſe trouve dans *le Sas* , ou Baſſin , au niveau du Canal infé-rieur , le bateau qui vient pour monter , y entre ſans re-tard ; on ferme alors la portiere ; enſuite on ouvre la Vanne du Canal ſupérieur , l'eau remplit en peu de temps *le Sas ;* elle ſouleve le bateau au niveau de ce même Canal , dans lequel le bateau entre ſans obſtacle ; on fait l'opération contraire , lorſque les bateaux vien-nent pour deſcendre , c'eſt-à-dire , qu'au lieu de faire monter l'eau dans *le Sas* , on la fait baiſſer en ouvrant la Vanne inférieure ; c'eſt ainſi qu'en multipliant les éclufes ſuivant les pentes du terrein , les bateaux paſ-ſent avec la même facilité , ſoit en montant , ſoit en deſcendant.

Ibid. (10) On eſt obligé de faire des *PORTAGES*, lorſqu'il y a interruption d'un Canal à un autre , & qu'ils ne ſe communiquent point par le moyen des écluſes : ces *PORTAGES* ſont de deux eſpeces : dans l'une on tranſporte par terre les marchandiſes qui viennent ſur l'un ou ſur l'autre Canal , & on les change de bateaux ; dans l'autre , on les fait paſſer avec leurs charges ſur des

glacis

glacis qui ont une double pente ; ces bateaux font tirés par des hommes, par des bêtes de trait, ou par des Cabeftans. On conçoit qu'indépendamment de la perte du temps, ces bateaux font toujours expofés à fe brifer lorfqu'ils font en équilibre fur l'angle que forme le fommet des deux glacis : ce font cependant les feuls moyens dont fe fervent encore aujourd'hui les Chinois, quoique les Miffionnaires Européens leur aient montré le méchanifme des éclufes & leur en aient même donné des modeles.

Page 7. (11) Les éclufes de *CHASSE* font à peu près femblables à celles qui font faites pour faciliter la navigation. *Les Sas* de ces premieres font néanmoins beaucoup plus confidérables, & contiennent un plus grand volume d'eau ; leurs chutes ont plus de hauteur, & les Canaux, des pentes plus rapides ; ces éclufes forment des courants d'eau très-impétueux ; lorfqu'on ouvre fubitement leurs portieres, les eaux entraînent alors le fable, la vafe & le limon qui font obftacle aux courants.

Ibid. (12) J'ai parlé plus haut de cette poffibilité ; rien ne l'établit mieux que la quantité d'eau que M. Abeille a trouvé le moyen de raffembler au point de partage : elle eft, fuivant la vérification faite par M. Gabriel, de trois mille vingt-trois pouces, non compris plus de deux cents pouces que d'autres fources fourniront dans les rigoles de conduite, ainfi que les eaux de fept étangs, qui en contiennent plus de quatre cents mille toifes cubes, que l'on peut conduire au même point : il n'a pas cru ces eaux néceffaires pour la navigation.

Page 8. (13) V. Bélidor, *arch. hyd.* tom. II. ch. V. *des Canaux exécutés par les modernes.*

Ibid. (14) Le projet de M. Abeille eft demeuré fans exécution, parce qu'on ne put dans ce temps raffembler les fonds néceffaires : j'ai cité ce projet préférablement à tous autres, parce qu'il eft celui qui a été le mieux détaillé, & parce qu'il a été vérifié par des Commiffaires & par des Ingénieurs qui en ont unanimement attefté la poffibilité & reconnu les avantages.

Page 8. (15) Quelque quantité d'eau que l'on puiſſe conduire au point de partage , il ne faut jamais perdre de vue que c'eſt celle qu'on y raſſemble qui doit principalement fournir à l'entretien de la navigation ſur toute la longueur du Canal : c'eſt par cette raiſon qu'il eſt néceſſaire de faire une attention ſérieuſe ſur le choix du terrein qu'il doit parcourir : celui de la plaine, qui eſt entre Dijon & S. Jean-de-Laune , paroît être un des moins favorables à une pareille conſtruction ; il eſt preſque entiérement de ſable ſur une grande profondeur ; on doit craindre qu'il ne ſe faſſe dans cette partie des filtrations ſi fortes , que l'on ne puiſſe entretenir la navigation pendant toute l'année. On conçoit d'ailleurs quelle dépenſe exceſſive occaſionneroit un courroi de terres glaiſes qu'on ſeroit forcé de faire ſur une étendue de ſix lieues & demie : ces inconvénients m'ont fait penſer qu'il ſeroit peut-être plus avantageux de conduire ce Canal de Dijon à Chovorre , près de Verdun ſur Saône ; alors on joindroit depuis Dijon , par la ligne la plus droite , le Cours du Muzin , un peu au-deſſous de la Ville de Nuis : on ſuivroit la pente de cette Riviere par Argilly & par Corjengoux , juſqu'à la Saône. Je conviens que par cette route le Canal ſeroit plus long d'environ deux lieues & demie que par celle de S. Jean-de-Laune ; mais ce déſavantage paroît compenſé par d'aſſez fortes raiſons. 1°. Suivant la direction que j'indique , & depuis Périgny, le Canal parcoureroit un terrein plus gras, plus ferme & plus capable de contenir les eaux que celui de la plaine de cette derniere Ville. 2°. On auroit de l'eau en plus grande abondance , puiſqu'indépendamment de celle de la Riviere d'Ouche , on trouveroit la Vouge , le Muzin , la Bourgeoiſe , les Ruiſſeaux de Vôme & de Préméau ; on pourroit prendre encore l'eau des ſix Etangs de Villy & d'Argilly , & celle de ſix autres Etangs qui ſont dans les Bois de Montmain & de Champgerley ; ainſi la navigation de Verdun à Dijon , ſur le Canal , ſeroit inconteſtablement établie pendant toute l'année. 3°. On viendroit facilement en deux jours de Châlon à Dijon ; on ne pourroit faire ce trajet qu'en trois ou quatre jours , en remontant juſqu'à S. Jean-de-

Laune ; en adoptant le changement de la route que je propofe , on diminueroit un tiers des frais de tranfports & du
temps qu'on emploieroit à cette navigation. 4°. La Saône,
avant que le Doux s'y foit joint à Verdun , n'eft pas na-
vigable pendant toute l'année depuis Scurre jufqu'à S.
Jean-de-Laune ; l'embouchure du Canal feroit donc in-
terceptée pendant plufieurs mois ; cette interruption cau-
feroit un préjudice confidérable au commerce ; on ne
pourroit conduire des bateaux de l'une à l'autre de ces
Villes , qu'en diminuant leur charge ordinaire de plus
de moitié ; leur marche feroit encore retardée par leur
frottement fur le fond de la Riviere. Tous les Négociants
fur la Saône dépoferont qu'elle manque de fond depuis
Scurre , & que le commerce eft prefqu'entiérement inter-
rompu tous les ans pendant trois a quatre mois ; cette raifon
feule feroit fuffifante pour faire préférer la route que j'indique. 5°. En plaçant l'embouchure du Canal près de Verdun , elle fe trouveroit au confluent du Doux ; les marchandifes qui viendroient par cette Riviere, feroient tranf-
portées dans un jour depuis cette Ville à Dijon ; ii faudroit, au contraire, en employer toujours deux , & fouvent trois, fi on remontoit à S. Jean-de-Laune ; & comme
dans le temps d'Eté on manqueroit d'eau, on feroit obligé pendant la route , d'alléger les bateaux ; on fait que
cette manœuvre difpendieufe fait perdre beaucoup de
temps. 6°. On ne doit pas regarder comme indifférent le
choix de l'emplacement de l'embouchure du Canal dans
la Saône : il femble qu'en le fixant près de Verdun , il
favoriferoit davantage la navigation , que l'on pourroit
un jour établir fur le Doux, jufqu'à Montbelliard ,
& même jufqu'au Rhin. La Franche-Comté n'a point
d'autre Riviere que le Doux qui puiffe étendre & faciliter
fon commerce : elle trouveroit un avantage réel à ne pas
remonter la Saône jufqu'à S. Jean-de-Laune ; les Marchands qui commercent avec la Suiffe , l'Alface &
l'Allemagne , en jouiroient également. Au refte , je ne
préfente ces obfervations , quelque importantes qu'elles
me paroiffent , que comme des objets qui peuvent méri-
ter quelque attention de la part de MM. les Adminiftrateurs.

D ij

Page 8. (16) On voit , par le Procès-verbal de M. Gabriel , qu'il a estimé la dépense pour la construction du Canal de Bourgogne , à douze millions.

Ibid. (17) Indépendamment de la grande quantité d'eau que cet emplacement fournit, il y a un double avantage à y fixer le point de partage. 1°. On pourroit établir une communication à la Loire par la Riviere d'Arroux ; ce nouveau Canal, qui feroit très-court, porteroit l'abondance dans l'Autunois & dans le Morvan. 2°. On éviteroit de percer la montagne de Sombernon , où l'on ne pourroit construire une voûte qu'à grands frais , & elle feroit d'une exécution d'autant plus difficile , que cette montagne est une masse de terre argilleuse & pourrie , qui se leve par feuilles semblables aux découvertes des carrieres d'ardoise : d'ailleurs toute cette masse est pénétrée par une infinité de petits filets d'eau qui y passent comme dans une éponge en tous sens.

Page 11. (18) On voit par un Edit du mois d'Octobre 1666, que Louis XIV a payé toutes les terres que l'on a prises pour l'emplacement du Canal de Languedoc & de ses dépendances. Ce Prince a fourni la moitié de la dépense des ouvrages ; la Province a acquitté l'autre moitié. Il érigea ce Canal en Fief, & le donna en toute propriété à M. Riquet, à la charge de l'entretenir : la Province de Bourgogne retireroit un grand avantage d'une semblable propriété aux mêmes conditions.

Page 12. (19) Il est probable que le long séjour que les vins qu'on transporte à Digoins pour les embarquer sur la Loire, font sur le rivage & ensuite sur les bateaux, est la vraie cause de l'altération qu'ils éprouvent. Leur déchet vient peut-être moins de l'action de l'air, que de l'infidélité des Voituriers ; les Marchands l'attribuent encore à une espece particuliere de mouches qui s'attachent aux tonneaux, & qui, selon eux, les percent & font couler le vin. On n'a pas remarqué que ceux de l'Auxerrois & des côtes voisines éprouvassent les mêmes accidents ; ils restent peu de temps à faire le trajet d'Auxerre à Paris : ceux qui y feroient conduits de Bourgogne par le Canal, jouiroient des mêmes avantages : quelques Marchands prétendent encore que les meilleurs

vins de Bourgogne ne pouvant être conduits par mer
fans s'altérer, éprouvent la même altération fur les Rivieres ; mais il n'y a aucune parité entre les vapeurs qui
s'élevent fur l'eau douce & celles qui s'exhalent de la
furface de la mer : celles-ci font plus actives & plus pé-
nétrantes ; elles font chargées d'une odeur plus forte,
qui peut aifément changer le gout & la qualité d'une
liqueur dont la FRANCHISE & la délicateſſe font le principal mérite.

Page 13. (20) On ne peut douter que plus les droits
de navigation feront forts, moins les denrées fe ven-
dront en Bourgogne, & moins le Canal fera fréquenté.
Les Négociants affurent qu'il paffe peu de marchandifes
fur celui de Briare, parce qu'ils prétendent que les droits
n'en font pas affez modérés, & qu'ils trouvent quelque
bénéfice à les faire tranfporter par terre.

Ibid. (21) Quoique les eaux foient ſtagnantes
dans les Canaux, elles les dégradent néanmoins par les
filtrations & par le mouvement de fluctuation que les
bateaux leur communiquent, lorfqu'ils font tirés avec
force & avec viteffe par des chevaux ; ou enfin par les
vagues que les vents excitent très-fréquemment.

Page 14. (22) L'action des eaux eſt plus fenfible aux
embouchures des *Sas* des Eclufes, où l'ouverture des
Vannes leur donne un plus grand mouvement que dans
le cours des Canaux ; ils fe dégradent plus ou moins,
fuivant que le terrein eſt plus gras & plus compact, ou
qu'il eſt plus léger & plus fablonneux. C'eſt par cette
raifon qu'on ne peut déterminer la fomme de la dépenfe
pour l'entretien, qu'après plufieurs années d'obfervations & d'expérience.

Page 15. (23) Suivant M. Abeille, il ne faudra que
cent vingt-fix Eclufes ; fuivant M. Gabriel, il en faudroit
cent foixante-huit ; ainfi cet article d'entretien peut va-
rier d'un tiers, fuivant le parti que l'on prendra.

Ibid. (24) Tous les Citoyens conçoivent les inconvénients d'une impofition pour l'établiffement, ou
pour l'entretien du Canal : quelque égale que fût cette
répartition, elle feroit difficilement proportionnée aux
avantages réels que chacun retireroit de cette conſtruc-

tion. On fent aifément qu'il y a une infinité de cas dans lefquels ceux qui feroient plus éloignés d'une à deux lieues du Canal, y trouveroient cependant des avantages plus grands que ceux dont les héritages avoifineroient fes bords ; le produit eft plus ordinairement dépendant de la nature des terres que de leur fituation.

Page 15. (25) Je donne ici les mefures ordinaires de chaque partie d'un Canal de navigation, pour prouver la quantité de terres que celui de Bourgogne occupera, relativement à fa longeur.

Largeur du fond.	6 toif.		
Largeur des talus.	3	3 p.	
Chemins pour le tirage, pour les deux.	6		
Talus intérieurs de 1 ½ fur 1 dans les cas généraux.	1		22 toif 3 p.
Talus extérieurs de 1 fur 1. . .		3	
Les deux Bermes enfemble. . . .	3		
Leurs talus de 2 fur 1 pour les deux.	1	3	
Contre-foffés, fuivant l'exigence, dans les cas ordinaires. . .	1		
Longueur du Canal.	122,563		
Surface.	2,746,667 T. 3 p.		

Ces dimenfions varient, lorfque les Canaux font placés contre des côteaux, ou lorfqu'ils traverfent des basfonds, comme il arrivera en plufieurs endroits, à celui de Bourgogne.

Page 17. (26) Lorfqu'on remue les terres pour la conftruction des Places de guerre, on renouvelle les Garnifons pour prévenir les maladies ; on en a ufé ainfi à Metz, à Thionville, à Strasbourg, &c. &c. Quand on nettoya le Canal de Montargis, on fut obligé de faire fortir de cette Ville la Compagnie des Moufquetaires qui y étoit en quartier ; il en mourut plufieurs avant qu'on reconnût la caufe de la maladie qui les attaquoit tous ; elle n'étoit autre que les exhalaifons qui s'élevoient des terres & vafes qu'on remuoit dans ce Canal.

Page 19. (27) Dans les grandes Rivieres , telles que la Saône & le Doux , on éprouve , lorsqu'on y entre , que dans les endroits où il y a peu d'eau le sable est échauffé par l'action du soleil : on remarque le contraire dans les endroits qui ont plus de profondeur. La même chose arrive dans les Canaux.

Page 21. (28) Le transport par terre d'une grande partie des bleds qui croissent dans la haute Bourgogne , occasionne une grande dépense aux Propriétaires & aux Cultivateurs : ce qui sur-tout est une perte réelle pour l'agriculture , c'est qu'une partie du bétail qu'on employe à faire les voitures meurt de fatigue , & que l'autre extrêmement affoibli , ne peut suffire à la culture des terres ; on éprouve chaque année ces deux inconvéniens dans l'Auxois , dont on conduit les bleds à Avalon , à S. Florentin , à Beaune , & souvent même jusques sur les Ports de la Saône. Personne n'ignore que rien n'est plus contraire à la conservation du bétail destiné au labourage , que les voitures faites au loin , & qu'elles consument d'ailleurs environ un sixieme du prix des grains.

Ibid. (29) Les Rois d'Egypte firent différents Canaux dans leurs Etats ; les Romains employerent leurs armées à en construire dans les Pays qu'ils avoient subjugués , où pour préparer de nouvelles conquêtes. On a établi les grands Canaux qui traversent la Chine , & on les entretient encore aux frais des Souverains de ce vaste Empire. Charlemagne entreprit de joindre le Rhin & le Danube. Sous Henri IV M. de Sully commença un Canal pour joindre la Loire à la Seine , par la Riviere d'Oing ; il fut achevé par le Cardinal de Richelieu. M. le Duc d'Orléans , frere de Louis XIV , ordonna la construction de celui d'Orléans jusqu'à Montargis. L'établissement de celui du Languedoc fut l'effet de la générosité de Louis-le-Grand , pendant le Ministere de M. de Colbert. M. le Régent en fit ouvrir un le long de la Riviere d'Oing , tendant de Montargis à Moret ; son objet a été d'assurer , pendant toute l'année , la communication de la Seine à la Loire : cet ouvrage fait partie du Canal de Briare. Ceux de Bruges , d'Anvers , d'Ol-

tende , de Lille , & tous les Canaux qui exiſtent actuel-
lement en Flandres , ſont l'ouvrage des Princes Souverains de cette Contrée. Les Etats-Généraux de Hollande
en ont conſtruit un grand nombre dans l'étendue des
Provinces-Unies. Tous ces faits conſacrés par l'Hiſtoire
prouvent que l'on n'a jamais eu recours , pour fournir à
la dépenſe de ces ſortes d'ouvrages , à aucune impoſition
particuliere ſur les Peuples. Ces grands établiſſements
ont toujours été regardés comme des objets ſi impor-
tants , qu'ils n'ont jamais été confiés qu'à l'adminiſtra-
tion publique. On ne pourroit peut-être citer aucun
exemple , que des Canaux conſidérables aient été entiérement conſtruits par des Compagnies particulieres : il
en eſt peu dont la fortune ſoit aſſez grande pour répon-
dre des ſommes qu'elle pourroit puiſer dans la confiance
publique , & certainement aucune qui voulût ſacrifier
ſes intéréts à celui de la nation. On a vu , à la vérité ,
quelquefois des Compagnies ſe former pour de grandes
entrepriſes ; mais ſouvent auſſi on les a vu , par des éco-
nomies déplacées & mal entendues , par des diſſentions ,
ou par la diſperſion des fonds , faire échouer les projets
les mieux concertés.

Page 22. (30) On attribue ordinairement la richeſſe
des habitants qui ſont ſur les bords de la Saône & du
Doux , à la fécondité des terres que ces Rivieres arro-
ſent : cet avantage eſt uniquement relatif aux Propriétaires & aux Cultivateurs. L'aiſance qu'éprouvent les
manœuvres dans ces Contrées , prend ſa ſource dans le
produit du travail qu'ils font ſur les Ports pour les Marchands : ceux de Lyon paient 40 ou 50 ſols par jour aux
Bateliers & aux Ouvriers qu'ils emploient pour le char-
gement ou pour le déchargement des bateaux. Au
contraire , dans les pays éloignés des Rivieres naviga-
bles , les gens de la campagne gagnent au plus 10 ou
12 ſols par jour , & ne ſont occupés qu'une partie de
l'année. Le Canal produiroit dans toute l'étendue de ſon
cours les mêmes effets que le Doux & la Saône , indépendamment d'une augmentation dans la fertilité des
terres ; il favoriſeroit la population qui s'accroît toujours en proportion de l'aiſance des habitants.

Page 23. (31) J'ai fait ce calcul sans avoir égard , ni aux droits que l'on peut impofer fur les marchandifes , ni à la différence établie entre le prix du louage des chevaux employés à tirer les bateaux , & celui fixé pour les chevaux qu'on attele aux voitures par terre ; ainfi ce rapport peut être réduit fuivant les circonftances.

Ibid. (32) La réduction des droits de Péage fur les grains paffant fur la Saône , faite par l'art. III. de la Déclaration du 25 Mai 1763 , occafionnera fans doute une augmentation fenfible en faveur des Propriétaires & des Cultivateurs ; elle leur procurera certainement un plus grand débit.

Ibid. (33) Les Traitants s'occupent uniquement des intérêts de leurs Compagnies ; avec quelque modération qu'ils exigent les droits , la crainte d'être trompés les engage à faire des vérifications , qui , trop féveres & trop réitérées , nuiffent également au Négociant & à l'accroiffement du Commerce.

Ibid. (34) On ne peut douter que la propriété du Canal n'augmentât de beaucoup le crédit des Etats de Bourgogne , & d'autant plus que la bonne adminiftration des affaires de cette Province eft connue dans tout le Royaume , & digne de la confiance publique : elle eft tellement affermie , que l'on n'a jamais vu , même dans les temps les plus critiques , les contrats fur la Bourgogne diminuer de valeur. Si les droits fur le Canal appartenoient à cette Province , & que l'on remarquât qu'étant trop forts , ils détournaffent les Commerçants de faire tranfporter leurs marchandifes par cette voie , les Adminiftrateurs diminueroient le droit fur le champ : il eft certain auffi que fi le produit annuel de ces droits excédoit la fomme néceffaire à l'entretien du Canal, MM. des Etats-Généraux en emploieroient l'excédent au foulagement du Peuple. Tels ont toujours été les principes de leur adminiftration.

Page 24. (35) Voyez M. de Montefquieu , Liv. XX , chap. XIV & XX , tom. II.

Page 25. (36) M. de Montefquieu s'exprime ainfi , Liv. XXII , chap. XVIII , tom. III. » Il y a quatre » claffes de gens qui paient les dettes de l'Etat : les

(52)

» Propriétaires des fonds de terre ; ceux qui exercent
» leur induſtrie pour le négoce ; les Laboureurs & Arti-
» ſans ; enfin les Rentiers de l'Etat, ou des particuliers.
» De ces quatre claſſes, la derniere, dans un cas de né-
» ceſſité, ſembleroit devoir être la moins ménagée ;
» parce que c'eſt une claſſe entiérement paſſive dans
» l'Etat, tandis que ce même Etat eſt ſoutenu par
» la force active des trois autres, &c.

Page 25. (37) Pendant que le Commerce a été libre
ſur la Saône, on a vu l'Agriculture prendre une nouvelle vigueur ; les denrées ſe ſont vendues avantageuſe-
ment ; les Fermes ont augmenté ; nous avons vu arriver le contraire dès que le Commerce a été gêné.

Page 26. (38) Si le Canal étoit établi, la Bourgogne
pourroit tirer un double avantage de ſes forges : d'a-
bord les frais de voitures, qui même avant que les fers
qu'on exporte ſoient hors de la Province, coutent juſqu'à dix & douze livres par millier, diminueroient de
plus de moitié ; d'ailleurs les Mines de Charbon de
Terre qui ſont déja découvertes, & celles que l'on pourroit découvrir, ſi on continuoit d'en faire la recherche,
contribueroient à établir dans pluſieurs endroits de la
Province des Manufactures ſemblables à celles du Forez ;
on y feroit toutes ſortes d'ouvrages de ſerrurerie, que
nous tirons en partie des Provinces voiſines ; on les fabrique avec le fer que nous fourniſſons : la facilité & la
diminution des frais de tranſport exciteroient l'induſtrie,
nous engageroient à faire nous-mêmes ces ouvrages, &
joindroient à l'avantage que nous avons de poſſéder la
matiere premiere, le bénéfice de la main-d'œuvre.

Ibid. (39) Il ſort tous les ans des forges de la
Bourgogne plus de ſoixante mille quintaux de fer, qui
ſont tranſportés dans les différentes parties du Royaume :
nous en exporterions beaucoup davantage, ſi les frais de
voitures ne déterminoient les habitants de nos Provinces maritimes à préférer celui que l'on tire de Suede ; les
fers de Bourgogne ne peuvent entrer en concurrence,
parce que ceux des Suédois jouiſſent du double avantage
d'arriver par Mer, & d'entrer en franchiſe dans pluſieurs
Ports de France.

(53)

Page 28. (40) Il y a pluſieurs mines de charbon de terre découvertes en Bourgogne ; celle de Rezille dans la terre d'Epinac eſt en pleine exploitation ; il y en a deux autres ſur les bords de l'Arroux , d'où l'on en tire une aſſez grande quantité , quoique les travaux y ſoient conduits avec peu d'intelligence. On a trouvé des échantillons de ce minéral dans les montagnes qui avoiſinent Sombernon : il ſeroit, peut-être , aiſé de les découvrir entiérement, & certainement très-avantageux de les mettre en valeur.

Ibid. (41) Voyez la diſſertation de Meſſieurs de Courtivron & Bouchu , ſur les Forges & Fourneaux , & ſur l'Art du fer.

Ibid. (42) On s'apperçoit depuis long-temps que les Forêts de Bourgogne ſe dépeuplent ; la fabrication des tonneaux en eſt une des principales cauſes. On pourroit les ramener vuides par la voie du Canal ; ce retour ſeroit un moyen de conſervation pour les Forêts . il ne reſteroit à Paris de ces tonneaux , que ceux qu'on recoupe pour les réduire à la jauge de cette ville , & pour y mettre les vins qu'on recueille dans ſes environs , ainſi que la biere qu'on y fabrique. Pour faciliter le retour de ces tonneaux , on pourroit donner aux bois dont ils ſont formés , la même épaiſſeur qu'on donne à ceux du Languedoc , qui retournent dans cette Province.

Ibid. (43) M. Mathieu , un des habiles Mineurs du Royaume , a reconnu en Bourgogne différentes mines de charbon de terre; il prétend même , ſuivant le rapport qu'il en a fait à MM. les Etats-Généraux de cette Province , avoir découvert pluſieurs carrieres d'ardoiſes en 1759 & 1760.

Page 29. (44) Voyez la note (24).

Ibid. (45) Voyez la note (18) ſur l'Edit du mois d'Octobre 1666.

Page 30. (46) Indépendamment des foſſés de dérivations, des contre-foſſés & des DÉVERSOIRS, les Canaux ſont encore garantis des eaux étrangeres , que l'on appelle SAUVAGES, par des Aqueducs SIPHONS , dont l'effet eſt de faire paſſer ces eaux par-deſſous les lits des Canaux. On en voit de cette eſpece dans celui du Lan-

guedoc , où M. le Maréchal de Vauban les a fait conftruire.

Page 30. (47) Il n'y a point de meilleurs engrais,que
le limon que l'on tire des lits des Canaux lorſqu'on les
cure : il n'eſt compoſé que de terres végétales & lége-
res ; cette vérité eſt confirmée par une multitude d'expériences : une des cauſes de la grande fertilité des fonds ,
qui ſont arroſés par la Saone & par le Doux , eſt le dé-
pôt du limon , que laiſſent ces Rivieres après leurs débordements.

Page 31. (48) On tranſporteroit ſur le Canal les engrais des lieux où ils ſont abondants dans ceux où ils
ſont rares. On voit fréquemment le long de la Saône les
habitants du Lyonnois , du Beaujolois & du Vivarais ,
remonter des bateaux juſqu'à Pontallier , pour les char-
ger de fumier & les conduire dans leurs terres.

Page 32. (49) Les routes qui traverſent l'emplacement du Canal ſont celles de Dijon en Franche-Comté ,
celles de Seurre , de Châlon , de la Poſte pour Paris , en
trois endroits ; le chemin de Semur à Epoiſſes , d'Athie à
Noyeres , ceux de Montbart à Tonnerre , à Tanlay & à
Auxerre ; la route de Châtillon à Bar-ſur-Seine , à Syri ,
à Chaource ; celle de Chablis à Ligny , à Saint-Floren-
tin & à Auxon , les chemins de Brinon à Mercy &
Hauterive : il y en a un grand nombre d'autres moins
conſidérables , dont je ne donne point ici le détail.

Ibid. (50) Quand je dis qu'une partie du temps ,
que les Corvéables doivent à l'entretien des chemins , eſt
perdu , j'entends parler de celui qu'ils emploient à parcourir les diſtances depuis leurs Villages juſqu'aux lieux où
ſont leurs tâches , & de celui qu'ils perdent par négli-
gence & par mauvaiſe volonté.

Page 33. (51) Pour ſe convaincre de la vérité de ces
propoſitions , il ne faut que conſidérer attentivement la
Carte de France , & la correſpondance de nos Rivieres ,
avec les deux Mers : peut-être me ſerois-je permis d'entrer dans un plus grand détail ſur les denrées & les marchandiſes qu'on tranſporteroit ſur le Canal , & particu-
liérement de celles que l'on tire des échelles du Levant ;
mais d'une part je craignois de tomber dans une longue

(55)

énumération d'autant moins intéressante, qu'elle a été
faite par tous les Auteurs, qui ont traité du Canal de
Bourgogne; d'autre part, je n'aurois pu dire que des
choses douteuses, parce qu'il est incertain que l'Angleterre & la Hollande, qui font le principal Commerce du
Levant, préferent le trajet par le Canal de Bourgogne
au passage ordinaire, par le détroit de Gibraltar. Ce n'est
point assez que le Canal abrege la navigation d'environ
huit cents lieues, qu'il épargne les frais d'assurance, &
qu'il fasse cesser les risques de la Mer : il est possible que
ces deux Nations, après avoir pesé les intérêts politiques
de leur Gouvernement, ne se déterminent pas à suivre
cette route. Qui sait en effet si elles ne préféreront pas
de faire une plus grande dépense, en employant leurs
Concitoyens au lieu de partager avec les François, quelques portions du gain qu'elles feroient en suivant la
route du Canal de Bourgogne ? Mais quelque parti qu'elles puissent prendre, si notre Commerce devient plus flo-
rissant dans cette partie de l'Asie, le Canal étant construit, nous aurons moins de risques à courir & moins de
dépense à faire ; nous pourrions entrer en concurrence
avec l'Angleterre & la Hollande, & peut-être que le
plus grand avantage feroit alors pour la France.

Page 33. (52) Dans les temps de disette la France
tire presque tous les bleds pour sa subsistance, de la Si-
cile, de la Barbarie & des Pays voisins ; ils sont trans-
portés par terre dans tout le Royaume. On éviteroit une
grande partie des frais par le moyen du Canal.

Ibid. (53) La Bourgogne produit plusieurs espe-
ces de pierres qui souffrent le poli, & qui sont en quelque sorte aussi belles que le marbre : les plus connues sont
le granit qui est abondant dans les environs de Semur en
Auxois, dans l'Autunois & dans le Charolois : on trouve
à Fixin près de Dijon, une espece de porphyre d'un grain
très-fin, très-dur & parfaitement coloré ; on a découvert
près d'Orche & de Saint-Romain une breche fort belle,
qui imite celle d'Egypte, & de l'albâtre veiné comme
celui d'Orient ; on en trouve encore de cette derniere espece, mais plus transparent, aux environs de Mâcon : il
y a d'autres carrieres de marbres de différentes couleurs,

près de Montbart, de Viteaux & de Bourbon-Lancy ; où en voit de noirs mélangés de quelques coquilles blanches, fort durs & fort éclatants à Chamilly près de Beaune, & à Viteaux : l'énumération de ces différentes pierres feroit infinie. Je ne dois pas omettre de parler de celle de la Douaye, qui eft couleur de rofe & blanche, fans aucune veine terreufe, & qui reçoit un poli parfait.

Page 33. (54) Avant la derniere guerre, les Régif-feurs de la Marine avoient établi des Commis ; ils avoient obtenu quelques Ordonnances qui taxoient le prix des Chanvres ; ils venoient les enlever fur les bords de la Saône & du Doux : les Laboureurs rebutés par la modicité de la taxe, par les recherches & par la vente forcée, ne cultivent plus de chanvre que pour leur ufage : cette contrainte a en quelque forte anéanti cette branche de Commerce dans cette partie de la Bourgogne, où l'on trouve cependant une plus grande quantité de terres propres à la culture de cette plante, d'autant plus utile, qu'elle eft abfolument néceffaire à la Marine.

Page 34. (55) On tire les vins communs, qui fe débitent à Paris, des environs de cette Capitale, de l'Or-léanois, de la Brie, de l'Anjou, du Blaifois, de l'Auxer-rois, d'Avalon, de Coulange, de quelques Cantons de la Champagne & du Mâconnois ; on en achete peu en Bour-gogne par rapport aux frais de tranfport : cependant les côtes du Châlonnois, celles de Dijon, & nos arriere-côtes en produifent beaucoup, qui font de meilleure qualité que la plus part de ceux que je viens de citer : on préféreroit fans doute les nôtres, parce qu'ils ont plus de FRANCHISE, qu'ils font plus VINEUX & d'une garde plus fure & plus longue : malgré tous ces avantages, ils font prefque toujours à vil prix, parce que les frais d'expor-tation excedent de beaucoup leur valeur dans les années d'abondance.

Ibid. (56) Il y a plufieurs Ordonnances, qui fixent la forme des voitures, le nombre des bêtes de trait qu'il eft permis d'y atteler : ces Ordonnances n'ont jamais eu d'effet en Bourgogne ; on a toujours craint que leur exécution ne nuisît au tranfport de nos vins, & n'en fît baiffer le prix : on voit fouvent des voitures chargées de dix-huit & même de vingt-deux pieces de vin, pesant onze ou douze milliers. Ces énormes voitures, & sur-tout celles à deux roues, ruinent les chemins : peut-être seroit-il avantageux de mettre les Ordonnances à exécution ; & pour gêner moins la liberté du Commerce à cet égard, on pourroit ne fixer le nombre des chevaux, que pour les voitures à deux roues ; celles qui en ont quatre nuisent moins aux routes, parce que le poids étant plus divisé, agit avec moins de force sur chaque point. Le Canal étant construit, il n'y auroit plus d'inconvénient à suivre ces réglements.

Page 35. (57) Les marches des grandes armées causent toujours beaucoup de maladies, de fatigue & de désertions ; les Troupes transportées dans des bateaux, arrivent à leur destination plus promptement, avec tous leurs équipages, completes, fraîches & prêtes à combatre : au contraire, après des marches longues & pénibles, les Généraux sont souvent obligés de les cantonner, ou du moins de les laisser reposer, tandis qu'ils pourroient remporter de grands avantages sur l'ennemi , s'ils étoient en état de le prévenir, ou d'agir sans retardement.

Ibid. (58) Il y a plusieurs cantons dans la Bourgogne dont la culture est négligée, parce qu'on n'y trouve aucune communication facile pour le débit. Les Laboureurs sont rebutés par les frais de culture, & encore plus par ceux de transport.

Page 36. (59) Les productions naturelles de la Bourgogne sont si variées, que cette Province pourroit se passer de celles des autres Pays, si le luxe ne nous avoit rendu nécessaires les choses que l'on ne trouve que dans les autres parties du monde.

Ibid. (60) M. Huet, Evêque d'Avranches , a prouvé dans son Histoire du Commerce & de la navigation des anciens , que le Canal qui joignoit la Mer rouge à la Méditerranée , est le plus ancien dont les Historiens aient parlé ; qu'il a été la vraie source de la richesse du Commerce des Egyptiens ; que commencé par Totis, Roi d'Egypte , il fut achevé long-temps après par Ptolomée Philadelphe ; que ce Prince fit fermer par une Ecluse

l'embouchure de ce Canal dans la Mer rouge, parce
qu'il craignoit qu'elle ne refluât dans les eaux du Nil ;
que ce Canal facilitoit le Commerce de Tyr & d'Assion-
gabar, & qu'il portoit les flottes de Salomon, gendre de
Pharaon, Roi d'Egypte. M. de Lisle, célebre Géographe,
a prouvé l'existence de ce Canal, dans un Mémoire dont
M. de Fontenelle a rapporté un extrait à l'Académie des
Sciences en 1702. Il l'a terminé par une réflexion bien
digne d'attention : » *Si jamais on renouvelloit cette jonc-*
» *tion* (du Nil à la Mer rouge) *le Monde changeroit de*
» *face; la Chine & la France deviendroient voisines,* &c. »

M. Rolin dans son Histoire ancienne, dit que *ce Ca-*
nal commençoit assez près du *Delta* vers la ville de Bu-
baste...... qu'il étoit d'une grande utilité pour le Commerce...... qu'il avoit vingt-cinq toises de largeur &
plus de cinquante lieues de longueur.

Permis d'imprimer. A Paris, ce 20 *Juin* 1764.
DE SARTINE.

De L'Imprimerie de G. DESPREZ, Imprimeur ordinaire du Roi & du Clergé de France.